MAISON FONDÉE EN 1860

FABRIQUE SPÉCIALE DE STORES
BANNES ET VELUMS
JALOUSIES, CLAIES ET TREILLAGES

BIANCHETTI

BREVETÉ S. G. D. G.

FOURNISSEUR DE LA VILLE DE PARIS

DE L'ASSISTANCE PUBLIQUE, DE LA LÉGION D'HONNEUR, DES MINISTÈRES DE L'INTÉRIEUR, DES TRAVAUX PUBLICS
DE L'AGRICULTURE, DE L'INSTRUCTION PUBLIQUE;
DE LA BANQUE DE FRANCE, DES COMPAGNIES DE CHEMINS DE FER DE L'EST, DE L'OUEST, DU NORD, DE LYON,
DU MUSÉUM D'HISTOIRE NATURELLE, DES LYCÉES, DES COMPAGNIES D'ASSURANCES,
ET DES GRANDES ADMINISTRATIONS FINANCIÈRES

139, Faubourg Saint-Honoré, 139
PARIS

1895 **TARIF** 1895

Stores en bois.	Stores en étoffes soie et fantaisie.
Stores en coutil ou toile.	Stores transparents.
Bannes et Velums.	Stores opaques et Rideaux.
Jalousies en bois et en fer.	Châssis en toile métallique.
Claies à ombrer.	Pavillons en métal et en bois.
Paillassons pour Serres.	Décoration de Serres et Jardins d'hiver.
Treillages décoratifs et ordinaires.	Châssis à lames mobiles.

EXPOSITION PERMANENTE DE TOUS LES MODÈLES DE LA MAISON

Ateliers de Serrurerie et de Fabrication, 18, rue d'Armaillé, et 11 bis, passage Doisy, aux Ternes.

TÉLÉPHONE

CE TARIF ANNULE LES PRÉCÉDENTS

BIANCHETTI

BREVETÉ S. G. D. G.

FABRICANT DE STORES

PARIS - 139, Rue du Faubourg-Saint-Honoré - PARIS

ENVOI FRANCO TARIFS & ECHANTILLONS

*Sur demande, il est fourni un devis détaillé du genre de Store et du mécanisme,
ou montures à adapter suivant l'emplacement.*

**Des ouvriers spéciaux sont à la disposition des Clients pour la mise en place
de tous les articles contenus dans l'Album.**

Les commandes doivent être faites par écrit et convenablement motivées.

Donner bien exactement la hauteur et la largeur du tableau

de la fenêtre ou autres, ainsi que la largeur et l'emplacement de la monture.

Indiquer si la pose doit être faite sur bois, pierre ou fer.

Désigner le genre d'étoffe et de monture.

*Tous les modèles de Stores, Bannes, Vélums, Jalousies, Claies, Treillages, contenus dans cet Album,
sont en magasin et à la disposition des personnes qui veulent se rendre compte
du fonctionnement et du genre de travail.*

TARIF

N°s D'ORDRE	DÉSIGNATION	PRIX

STORES EN BOIS

Fabrication spéciale de la Maison BIANCHETTI

10 — **NOTA.** — Tout store en bois, ne mesurant pas 1ᵐ superficiel, sera compté comme tel.
Les parties triangulaires ou fausses coupes sont comptées comme étant carrées.
Tout store au-dessous de 0ᵐ90 de largeur sera compté comme tel, les tissus bois ne se fabriquant pas en plus petite largeur.

11 — **Tissu** bois rond, article ordinaire, en sapin, tissage coton 4 chaînes, peint seulement en vert, cet article n'existe que de 0ᵐ90 à 1ᵐ50 de largeur. . . le mètre superficiel — **3 »**

12 — — bois, qualité supérieure (baguettes rondes) ou (baguettes plates et rondes), en peuplier grisard, tissé 4 chaînes, 6 fils par chaîne en pur chanvre, peint 3 couches de peinture garantie à l'huile, toutes nuances unies, de 0ᵐ90 à 2ᵐ de largeur . . . . — — **5 »**

13 — — bois, baguettes ovales superposées, peuplier grisard, tissé pur chanvre système cordonnet, peint 3 couches de peinture garantie à l'huile, toutes nuances unies, de 0ᵐ90 à 2ᵐ de largeur . . . . — — **6 »**

13 bis — **NOTA.** — Sur demande, la Maison fournit les tissus bois de sapin de fabrication étrangère, qualité inférieure, tissage coton et peinture à la colle . . . . le mètre superficiel de 1ᶠ05 à **3 »**

PLUS-VALUES

14 — Les tissus bois dépassant 2ᵐ de largeur subissent une augmentation par mètre superficiel tous les 0ᵐ20 plus large, de . . . . **» 25**

15 — Pour rayures faites en peinture imitation coutil, toutes nuances, bandes simples, faites sur une face seulement . . . . par mètre superficiel **1 50**

16 — Pour rayures faites en peinture imitation coutil, toutes nuances, bandes et filets de côté, faites sur une face seulement . . . . — — **2 »**

17 — **Bordure** des stores en bois en ruban de fil, comprenant la fourniture et la façon . . . . le mètre linéaire de bordure **» 40**

18 — **Coulisses** du bas pour recevoir la tringle, façon. . . . . le mètre linéaire **» 50**

19 — **Assemblage** des lés par les bordures, façon. . . . . le mètre de surjet **» 60**

N^{os} D'ORDRE	DÉSIGNATION	PRIX

COUTILS ET TOILES

20 — **NOTA.** — Les prix ci-dessous sont compris façon de coupe et couture, c'est-à-dire **assemblage des lés** et ourlets de côté, et de toutes nuances.

21	**Coutil** d'Évreux, qualité extra supérieure . . . . le mètre superficiel	5 »
22	— — bonne qualité . . . . — —	4 50
23	— du Nord, qualité extra-supérieure . . . . — —	4 »
24	— — bonne qualité . . . . — —	3 50

25 — **NOTA.** — Tout store en coutil ne mesurant pas 2^m superficiels sera compté comme tel.

TOILES DIVERSES

POUR STORES, BANNES, VELUMS, DOUBLURES

TOUTES NUANCES

26	**Toile** pur chanvre, dite toile à voile, qualité extra-supérieure. . . . . le mètre superficiel	4 50
27	— bonne qualité . . . . — —	3 50
28	— verte, pur chanvre, sulfatée cuivre . . . . — —	5 »
29	— — bonne qualité . . . . — —	4 50
30	— — pour stores d'ateliers et velums . . . . — —	3 50
31	— bizanne . . . . — —	3 »
32	**Satinette** toutes nuances, spéciales pour doublures de stores bois . . . . — —	2 25
33	**Toile de lin,** dite toile belge. . . . . — —	4 50

TOILES PEINTES POUR BANNES

34	**Toile** pour bannes, pur chanvre, avec encadrement simple en peinture . . . . le mètre superficiel	6 »
35	— pour bannes, pur chanvre, avec encadrement et filets, plus-value d'après l'importance du travail.	
36	— pour bannes, pur chanvre, avec rayures égales imitant le coutil. . . . . — —	6 »
37	— — fond peint avec encadrement simple . . . . — —	6 50
38	— — — avec rayures égales imitant le coutil . . . . . . — —	7 »

39 — **NOTA.** — Les lettres faites en peinture, au prix de la série de la Société centrale des **Architectes** ou de la série de la Chambre syndicale des Enseignes et Stores.

40	**Décatissage et Sulfatage** au sulfate de zinc des toiles et coutils . . . . . . le mètre superficiel	» 50

LAMBREQUINS

41	**Façon** des lambrequins de stores, coupe, couture, compris fourniture de galon. . le mètre linéaire	2 »
42	— des lambrequins de bannes, coupe, couture, compris fourniture galon et agrafes. . . . . — —	2 50

Nos D'ORDRE	DÉSIGNATION	PRIX
43	**Frange** torse, rouge ou grise, compris la façon de couture sur les lambrequins, la dite frange de fabrication spéciale . . . . le mètre linéaire	2 50
44	NOTA. — Toute frange de nuance fantaisie, fabriquée spécialement, sera comptée avec plus-value.	
45	NOTA. — Pour les joues de stores ou de bannes, le métrage se fait au carré, quelles qu'en soient la forme et la coupe.	
46	**Enroulement** des tubes des bannes ou des stores compté, compris fourniture bandes toile, le mètre linéaire de tube	1 10

APPLICATIONS SUR STORES ET BANNES

APPLICATIONS FORMANT ENCADREMENTS

Nos D'ORDRE	DÉSIGNATION	PRIX
47	En andrinople de 0^m08 de largeur et au-dessous . . . . le mètre linéaire de bande	1 50
48	— de 0^m09 à 0^m15 de largeur . . . . — — —	2 25
49	En toile à voile, de 0^m08 de largeur et au dessous . . . . — — —	2 50
50	— — de 0^m09 à 0^m15 de largeur . . . . — — —	3 75
51	En drap, de 0^m08 de largeur et au-dessous . . . . — — —	3 50
52	— de 0^m09 à 0^m15 de largeur . . . . — — —	5 25
53	NOTA. — Ces prix sont comptés compris façon de coupe, couture et apprêt.	
54	Les Chiffres, Lettres, Couronnes, Ornements, prix à estimation.	

STORES TRANSPARENTS

Nos D'ORDRE	DÉSIGNATION	PRIX
55	NOTA. — Tout store transparent n'ayant pas 2^m superficiels sera compté comme tel.	
56	Tout store riche, fait d'après maquette, le prix sera traité à forfait.	
57	Toute maquette faite sur demande est à la charge du client, qu'il y ait commande ou non.	
58	**Stores** blancs, unis . . . . le mètre superficiel	4 »
59	— fond blanc, avec encadrement et un filet couleur . . . . — —	4 50
60	— — — et deux filets couleur . . . . — —	5 »
61	— — — coins grecs simples, deux filets . . . . . . — —	6 »
62	— — — — doubles, deux filets . . . . . . — —	7 »
63	— — — et coins niellés . . . . — —	7 »
64	— — avec filets et motif haut et bas ou motif de milieu . . . . . . — —	9 »
65	NOTA. — Les mêmes stores dorés à l'or fin, le double des prix ci-dessus. Les stores peints sur les deux faces, seront comptés moitié en plus.	

PLUS-VALUES

Nos D'ORDRE	DÉSIGNATION	PRIX
66	Pour stores avec champ de couleur . . . . le mètre superficiel	1 »
67	— avec fonds de couleur . . . . — —	1 25
68	— en mousseline . . . . — —	1 »
69	— en cretonne . . . . — —	1 50
70	— en coutil blanc . . . . — —	2 25

Nᵒˢ D'ORDRE	DÉSIGNATION	PRIX

STORES TRANSPARENTS FANTAISIE

Nᵒ	Désignation		Prix
71	Stores fond blanc, bordure fleurs variées . . . . le mètre superficiel		12 »
72	— — — et bouquets fleurs	— —	14 »
73	— — avec champs couleur et encadrements, ruban fleurs et panier fleuri.	— —	16 »
74	— — avec bordure fleurs et cul-de-lampe fleuri	— —	18 »
75	— fleurs et oiseaux	— —	18 »
76	— treillage garni fleurs.	— —	20 »
77	— avec entourage bambou et vase, et garniture fleurs	— —	30 »
78	— imitation genre japonais.	— —	20 »
79	— ornements avec vase garni de fleurs et fruits . . . . le mètre superficiel, de 25 » à		40 »
80	— imitation vitraux.	— — de 15 » à	30 »
81	— avec encadrement riche et chiffre	— — de 15 » à	25 »
82	— — — et armoiries	— — de 20 » à	30 »
83	— avec paysages.	— — de 20 » à	30 »
84	— gothiques avec sujets religieux.	— — de 25 » à	35 »
85	Stores opaques pour laboratoires ou chambres noires. . . . . le mètre superficiel		8 »

LETTRES PEINTES POUR STORES TRANSPARENTS

Nᵒ	Désignation	UNIES	REPIQUÉES	AVEC ÉPAISSEUR		
86	Lettres de 0ᵐ01 à 0ᵐ10. . . . . la pièce	» 20	» 25	» 35	»	»
87	— de 0ᵐ105 à 0ᵐ15 . . . . —	» 25	» 35	» 45	»	»
88	— de 0ᵐ155 à 0ᵐ20 . . . . —	» 30	» 55	» 60	»	»
89	— dorées or fin . . . . le centimètre de hauteur	» 06	» 08	» 10	»	»

STORES OU CHASSIS TOILE MÉTALLIQUE

Nᵒ	Désignation	Prix
90	Châssis en toile métallique, forme carrée . . . . le mètre superficiel	35 »
91	Plus-value pour les coins creux	1 »
92	— pour les frontons. . . . . par fronton	5 »
93	Lettres opaques peintes . . . . le centimètre	» 10
94	— — — ombrées ou repiquées. . . . . —	» 13
95	— dorées. . . . . —	» 15
96	— — ombrées ou repiquées . . . . —	» 20
97	Les Filets opaques dorés droits . . . . le mètre linéaire	2 »
98	— — — avec coins grecque . . . . — —	2 50
99	Les Ornements opaques dorés . . . . la pièce	3 »
100	Les Armoiries opaques peintes ou or, modelé ou rehaussé . . . . le centimètre de hauteur	2 »
101	NOTA. — Les lettres au-dessous de 0ᵐ05 sont comptées comme telles. Le métrage, quel qu'en soit la forme, se fait au carré.	

N^{os} D'ORDRE	DÉSIGNATION	PRIX

STORES EN TISSUS FANTAISIE

102	Stores ventilateur en ficelle . . . . le mètre superficiel	5 »
103	— en raphia. . . . . — —	5 »
104	— en Lupiz (crin végétal) . . . . — —	5 50
105	Bordure des dits, en ruban de soie . . . . le mètre linéaire	1 »
106	— — — de fil ou coton. . . . . — —	» 50
107	Façon des coulisses . . . . — —	» 60

STORES PLISSÉS A DRAPERIES

DITS A LA VÉNITIENNE

Étoffes de Fantaisie diverses

NOTA

108	Les prix ci-dessous ne comprennent que la fourniture du store tout fabriqué, c'est-à-dire étoffe, extra-fort et anneaux assortis à la nuance, compris façon.	
109	La frange est comptée en plus d'après sa valeur réelle.	
110	La monture est comptée à part des prix ci-dessous.	
111	Tout store n'ayant pas 2^m superficiels sera compté comme tel.	
112	Stores en soie, étoffe dite grain de poudre ou Tunisienne, toutes nuances . . . le mètre superficiel	33 »
113	— en surah, toutes nuances et en spongé. . . . . — —	32 »
114	— en tussor, belle qualité . . . . — —	22 »
115	— pékin de soie à jour, couleur crème. . . . . — —	32 »
116	— en orientale, soie tramée, toutes nuances. . . . . — —	20 »
117	— en pékin coton, couleur crème. . . . . — —	16. »
118	— en toile d'Alsace, couleur crème . . . . — —	15 »
119	— en alsacienne, toutes nuances . . . . — —	14 »
120	— en japonaise, — . . . . — —	16 »
121	— en satinette, — . . . . — —	14 »
122	— en andrinople, véritable andrinople . . . . — —	13 »
123	Frange fantaisie à mèches. . . . . le mètre, depuis	3 »

Nos D'ORDRE	DÉSIGNATION	PRIX

STORES DROITS EN ÉTOFFE FANTAISIE

NOTA

124 — Les prix ci-dessous ne comprennent que la fourniture du store, compris façon **coupe et couture**, faits à plat avec simple coulisse au bas.

125 — La monture est comptée à part des prix ci-dessous.

126 — Tout store n'ayant pas 2^m superficiels sera compté comme tel.

127 — Pour tout store dépassant la largeur de l'étoffe employée, il sera alloué pour les **alaises** moitié de la superficie réelle du store.

Nos	Désignation		Prix
128	Stores en soie, étoffe grain de poudre ou Tunisienne	le mètre superficiel	15 »
129	— en surah, toutes nuances et en spongé	— —	14 »
130	— en Tussor	— —	8 »
131	— en pékin de soie, à jour, crème	— —	14 »
132	— en orientale, soie tramée toutes nuances	— —	7 50
133	— en pékin à jour, coton couleur crème	— —	5 50
134	— en toile d'Alsace, couleur crème	— —	5 »
135	— en alsacienne, toutes nuances	— —	5 »
136	— en japonaise, —	— —	7 »
137	— en satinette, —	— —	3 50
138	— en véritable Andrinople	— —	4 »

STORES DROITS EN ÉTOFFE FANTAISIE

AVEC LAMBREQUINS DRAPÉS

139 — Mêmes prix que pour les stores droits, plus la façon des lambrequins drapés, comptés comme façon . . . . le mètre linéaire — 6 »

140 — **NOTA.** — Comme pour les stores à la Vénitienne, la frange est comptée d'après sa valeur. Les stores avec entre-deux dentelle ou guipure sont comptés d'après leur valeur.

ANNEAUX

141 — **NOTA.** — Les prix ci-dessous sont compris façon de couture des dits anneaux.

		Prix
Anneaux fer étamé, jusqu'à 0^m02		» 15
— cuivre		» 30
— en verre		» 60

Nos D'ORDRE	DESIGNATION	PRIX

MONTURES

POUR STORES EN BOIS ET COUTILS

NOTA

142 — Toutes les ferrures employées dans les montures ci-dessous sont de fabrication spéciale de la Maison, et n'ont aucun rapport avec les ferrures sortant des Maisons de quincaillerie.

143 — Les prix ci-dessous sont compris peintures au minium ou en noir, et pour stores ne dépassant pas 1m40 de largeur, et ne sont applicables que pour des montures ordinaires.

144 — Pour tout emplacement nécessitant des ferrures faites et forgées spécialement, il sera appliqué, soit une plus-value, ou un mémoire spécial détaillé, à moins qu'un devis n'ait été produit au début des travaux.

Nos D'ORDRE	DESIGNATION	PRIX
145	**Monture** pour stores bois, avec doubles cordons de tirage, dite à cordons	6 »
146	**Monture** pour stores à draperies, cordon anglais 1re qualité, pour manœuvre	18 »
147	**Monture** pour stores à plis en bois. . , ...	8 »
148	**Monture** pour stores à plis en étoffe	10 »
149	**Monture** à rouleau simple, rondelles en cuivre renforcées, sans conducteurs.	8 »
150	**Monture** à rouleau rondelles en cuivre renforcées, conducteurs fil fer étamé.	10 »
151	**Monture** à rouleau rondelles à crans et crémaillère en cuivre, corde sans fin	10 »
152	**Monture** à rouleau rondelles en cuivre renforcées, conducteurs fer étiré et galvanisés, avec écrous à oreilles en cuivre	12 »
153	**Monture** à rouleau rondelles en cuivre renforcées, conducteurs fer étiré et galvanisés, avec écrous à oreilles en cuivre et coulisses fer ou tôle, pour éviter le jour des côtés.	20 »
154	**Monture** à l'Italienne, rondelles en cuivre renforcées, bras raide fer méplat, montés sur platines à vis.	15 »
155	**Monture** à l'Italienne, rondelles en cuivre renforcées, bras raide fer méplat, montés sur platines à la demande, et supports spéciaux pour fenêtres garnies de persiennes brisées.	20 »
156	**Monture** à l'Italienne, rondelles en cuivre renforcées, bras raide fer méplat, avec système spécial pour se placer sur la tapée de la persienne.	20 »
157	**Monture** à l'Italienne, rondelles en cuivre renforcées, bras à tube se développant de bas en haut, tiges en acier galvanisées, système D. B., breveté s. g. d. g., pour éviter l'eau de pénétrer dans les tubes.	20 »
158	**Monture** à l'Italienne, rondelles en cuivre renforcées, bras à tube, système breveté comme ci-dessus, les dits montés sur platines à la demande, et supports spéciaux pour fenêtres garnies de persiennes brisées	25 »
159	**Monture** à l'Italienne, rondelles en cuivre renforcées, bras à tube, système breveté comme ci-dessus, avec système spécial pour se placer sur la tapée de la persienne	25 »
160	**Monture** à l'Italienne, rondelles en cuivre renforcées, bras fer méplat, avec coulisses en fer et douilles en cuivre	28 »
161	**Monture** à l'Italienne, rondelles en cuivre renforcées, bras fer méplat, avec coulisses, boules et douilles en cuivre.	35 »
162	**Monture** à l'Italienne, brisée, rondelles en cuivre renforcées, coulisses et douilles en cuivre, système exclusif de la Maison	45 »

Nᵒˢ D'ORDRE	DÉSIGNATION	PRIX
163	**Monture** de stores à capote avec glissières, système exclusif de la Maison	45 »
164	**Monture** de rideaux, tringle fer étiré avec supports et poulies, cordes de manœuvre pour rideaux toile ou coutil ne dépassant pas 2ᵐ50 de hauteur sur 1ᵐ50 de largeur.	8 »
165	**Monture** de rideaux, tringle fer étiré faite avec col de cygne pour faire croiser les rideaux, avec supports et poulies, cordes de manœuvre pour rideaux toile ou coutil ne dépassant pas 2ᵐ50 de hauteur sur 1ᵐ50 de largeur . . . . . :	12 50
166	**Monture** pour stores opaques avec rouleaux fer creux, rondelles en cuivre renforcées, conducteurs fer étiré et galvanisés, taraudés avec écrous à oreille en cuivre et caisson bois pour éviter le jour, jusqu'à 1ᵐ40 de largeur, système exclusif de la Maison	45 »
167	**Monture** automatique à ressort, rouleau bois de 0ᵐ025 jusqu'à 1ᵐ05 de largeur.	8 »
168	**Monture** automatique à ressort, rouleau bois de 0ᵐ030 jusqu'à 1ᵐ30 de largeur.	10 »
169	**Monture** automatique à ressort, rouleau bois de 0ᵐ035 jusqu'à 1ᵐ35 de largeur.	12 »
170	**Monture** automatique à ressort, rouleau bois de 0ᵐ040 jusqu'à 1ᵐ40 de largeur.	15 »

ROULEAUX A RESSORTS AUTOMATIQUES
HARTSHORN'S

Les dits rouleaux en fer-blanc pour stores ou vélums

171	**Rouleaux** fer-blanc 0ᵐ045. . . . . le mètre	14 »
172	— — 0ᵐ060. . . . . —	17 »
173	— — 0ᵐ080. . . . . —	28 »

PLUS-VALUES
CONCERNANT LES MONTURES

174	Pour ferrures à scellements. . . . . de 3 » à	5 »
175	— stores manœuvrant de l'intérieur.	3 »
176	— entaille de la rondelle dans la pierre ou dans le bois.	3 »
177	— rouleau fer creux 0ᵐ025, compris ajustement des rondelles. . . . . le mètre linéaire	2 50
178	— — — 0ᵐ030, — — — — —	3 »
179	— fourniture et ajustement des bandelettes sur les rouleaux avec vis à métaux, les dites pour recevoir les stores bois . . . . — —	2 25
180	— bras à col de cygne. . . . . par monture	3 50
181	— les mêmes montures désignées et tarifiées ci-dessus, avec ferrures nécessaires pour manœuvre extérieure à engrenages pour être posées sur bois ou pierre. . . . . —	20 »
182	— les mêmes montures désignées ci-dessus, avec ferrures faites en demande pour être posées sur bois ou sur pierre, avec manœuvre directe intérieure à engrenages. —	25 »
183	Pour toute monture à installer et poser sur fer, il sera soit établi un devis avant le travail ou un mémoire détaillé.	
184	Pour tout store posé dans le granit, marbre ou pierre dure, il sera alloué une plus-value d'après le temps passé.	
185	**NOTA.** — Tout store dépassant 1ᵐ40 de largeur, demandant un rouleau fer creux, la Maison ne garantit pas le bon fonctionnement des stores au-dessus de cette largeur posés avec rouleaux en bois. Pour toute manœuvre de store qui ne sera pas directe, les transmissions par engrenages seront comptées en plus, selon les difficultés.	

OBSERVATION. — **Pour toute monture au-dessous de 1ᵐ40 de largeur, avec rouleau fer creux, plus-value de** . . . . **5 fr.**

N^{os} D'ORDRE	DÉSIGNATION	PRIX

VÉLUMS

186 — **Armatures** pour vélums à plis, manœuvre à cordes et poulies, conducteurs fer étiré et galvanisés, avec écrous et ferrures nécessaires (les dites armatures formant une superficie d'au moins 10^m) pour poser sur bois ou sur pierre . . . . le mètre superficiel — 12 »

187 — **Armatures** pour vélums à ressort, rouleau fer-blanc, conducteurs fer étiré et galvanisés avec écrous, les dites armatures formant une superficie d'au moins 10^m, avec ferrures pour bois ou pierre. Le mètre superficiel — 12 »

NOTA

188 — Pour vélums à engrenages, système chaîne Vaucanson ou autre, il sera soit établi un devis avant l'exécution des travaux ou un mémoire détaillé.

189 — Pour tout vélum à installer sur fer avec ferrures forgées spécialement, il sera ou établi un devis ou il sera alloué une plus-value basée sur l'importance des travaux.

RÈGLE GÉNÉRALE

Concernant tous travaux de Stores, Bannes ou Vélums.

190 — Pour tous travaux nécessitant soit une échelle à coulisse ou un échafaudage, cette location sera comptée en plus des travaux, prix basé sur la série de la Société centrale des Architectes.

ARMATURES DE BANNES

NOTA

191 — Toute armature de banne n'ayant pas 3^m de longueur sera comptée comme telle.

192 — Pour toute armature où il y aura urgence de mettre des consoles en fer pour recevoir les bras, par suite de fermetures en fer ou autres, les dites consoles seront comptées en plus des prix ci-dessous, basées d'après l'importance des travaux.

193 — Pour toute banne posée sur fer il sera alloué une plus-value sur les prix ci-dessous, d'après l'importance du travail et le temps passé.

194 — Pour toute manœuvre de banne qui ne sera pas directe, les transmissions par engrenages seront comptées en plus, suivant la difficulté.

195 — La manœuvre intérieure d'une banne est comptée en plus des prix ci-dessous.

196 — **Armatures de Bannes**, bras raide fer méplat, forgés à la demande, rouleau fer creux, sans tendeur, manœuvres à engrenages posées sur pierre ou sur bois, jusqu'à 3^{m}50 seulement. Le mètre linéaire — 15 »

Nos D'ORDRE	DÉSIGNATION	PRIX
197	**Armatures de Bannes**, bras raide en fer méplat, forgés à la demande, rouleau fer creux, avec tendeur à écrous, manœuvres à engrenages posées sur pierre ou sur bois. . . . Le mètre linéaire	22 »
198	**Armatures de Bannes**, rouleau fer creux avec tendeur en fer étiré avec écrous et régules manœuvres à engrenages, bras avec coulisses en fer, douilles en fonte, tirettes ou chaînes, posées sur bois ou sur pierre.	
	Les dites **Armatures de Bannes** :	
199	Avec coulisses en fer de 0ᵐ018 . . . . le mètre linéaire	25 »
200	— — de 0ᵐ020 . . . . — —	27 »
201	— — de 0ᵐ022 . . . . — —	29 »
202	— — de 0ᵐ025 . . . . — —	31 »
203	— — de 0ᵐ030 . . . . — —	35 »
204	**Armatures de Bannes**, rouleau fer creux, avec tendeur en fer étiré avec écrous et régules manœuvres à engrenages, bras avec coulisses recouvertes cuivre, douilles et boules en cuivre, tirettes ou chaînes, les dites posées sur bois ou pierre.	
205	Avec coulisses recouvertes cuivre de 0ᵐ018 . . . . le mètre linéaire	30 »
206	— — de 0ᵐ020 . . . . — —	33 »
207	— — de 0ᵐ022 . . . . — —	36 »
208	— — de 0ᵐ025 . . . . — —	40 »
209	— — de 0ᵐ030 . . . . — —	44 »
210	**Armatures de Bannes**, à doubles rouleaux, manœuvres à engrenages, bras raide, forgés à la demande . . . . le mètre linéaire	32 »
211	**Armatures de Bannes**, à doubles rouleaux, manœuvres à engrenages, coulisses en fer, douilles en fonte, tirettes ou chaînes posées sur bois ou pierre.	
	Les dites **Armatures de Bannes** :	
212	Avec coulisses en fer de 0ᵐ020 . . . . le mètre linéaire	40 »
213	— — de 0ᵐ022 . . . . — —	43 »
214	— — de 0ᵐ025 . . . . — —	46 »
215	— — de 0ᵐ030 . . . . — —	50 »
216	**Armatures de Bannes**, à doubles rouleaux, manœuvres à engrenages, coulisses recouvertes cuivre, douilles et boules en cuivre, tirettes ou chaînes, les dites posées sur bois ou pierre.	
	Les dites **Armatures de Bannes** :	
217	Avec coulisses recouvertes cuivre de 0ᵐ020 . . . . le mètre linéaire	45 »
218	— — de 0ᵐ022 . . . . — —	48 »
219	— — de 0ᵐ025 . . . . — —	52 »
220	— — de 0ᵐ030 . . . . — —	56 »
221	**Armatures de Bannes**, modèle riche, rouleaux fer creux avec tendeur en fer étiré avec écrous et régules manœuvres à engrenages, bras avec coulisses recouvertes cuivre, supports des dites coulisses avec platines et embases, coulisseaux avec gros galets, le tout en cuivre poli, toutes ferrures et cuivreries modèles exclusifs de la Maison.	
222	Avec coulisses de 0ᵐ025 . . . . le mètre linéaire	70 »
223	— de 0ᵐ030 . . . . — —	80 »

Nos d'ordre	DÉSIGNATION	PRIX
224	**Armatures de Bannes**, modèle riche, avec doubles rouleaux, manœuvres à engrenages, bras à coulisses recouvertes en cuivre, supports des dites coulisses avec platines et embases, coulisseaux avec gros galets, le tout en cuivre poli, toutes ferrures et cuivreries modèles exclusifs de la Maison.	
225	Avec coulisses de 0^m025 . . . . le mètre linéaire	90 »
226	— de 0^m030 . . . . — —	100 »
227	**Armatures de Bannes**, pour marquises, sans bras, manœuvres à engrenages, compris pose, le mètre	25 »
228	**Bras à coulisses** pour marquises, tout en cuivre poli, les dits de 0^m030 de force, et renforcés de 1^m50 à 2^m de longueur. . . . . la pièce, de 30 » à	40 »
230	Les mêmes bras, de 0^m035 de force, de 2^m à 2^m50 de longueur. . . . . — de 50 » à	60 »
231	**Armatures de Bannes** à chariots, pour combles vitrés, chariots avec galets, rails et manœuvres à engrenages extérieure sans transmission, sans pose. . le mètre de rouleau	50 »
232	**NOTA.** — Pour les Armatures de Bannes à chariots avec manœuvre intérieure, plus-value d'après l'importance du travail.	
233	La pose des bannes à chariots est comptée d'après l'importance du travail, et le temps passé par les ouvriers.	

POSE DE STORES DANS PARIS

NOTA

Nos d'ordre	DÉSIGNATION	PRIX
234	En cas de pose d'un seul store, non fourni par la Maison, il est alloué en plus des prix ci-dessous, un supplément de.	2 »
235	Toute pose de store demandant la présence de deux ouvriers est comptée double.	
236	La pose des toiles de bannes ou de stores, les dites cousues sur les rouleaux, et fer à T ou tringle, compris le réglage de la manœuvre. . . . . le mètre superficiel	1 25
237	La pose d'un store à cordons . . . . ferrures tamponnées	2 »
238	— — plissé, à draperies . . . . — —	3 50
239	— — à rouleau simple . . . . — —	3 »
240	— — bois, monture à plis. . . . . — —	2 »
241	— — en étoffe, monture à plis . . . . — —	2 50
242	— — rouleau, conducteurs fil fer . . . . — —	3 50
243	— — rondelles à crans et crémaillère . . . . — —	3 »
244	— — rouleau, conducteurs à écrous. . . . . — —	3 50
245	— — — et conducteurs à écrous, avec coulisses tôle . . . . — —	5 »
246	— — — monture italienne. . . . . ferrures tamponnées	3 50
247	— — — — — avec ferrures spéciales pour persiennes brisées. . . . . — —	5 »
248	— — — — — posé sur la tapée des persiennes. . — —	4 50
249	— — monture italienne, avec coulisses et douilles. . . . . — —	6 »
250	— — — — brisée, système exclusif de la Maison	6 »
251	— — à capote avec glissières, système exclusif de la Maison	6 »
252	— d'une monture de rideau jusqu'à 2^m50 de hauteur sur 1^m50 de largeur.	2 50
253	— d'un store opaque, système à conducteurs et caisson	10 »
254	— — automatique jusqu'à 1^m40 de largeur	3 »

Nos D'ORDRE	DÉSIGNATION	PRIX
255	Tous stores posés à scellement pour façon, moitié en plus des prix ci-dessus.	
256	Tous stores monture à engrenages posés à scellement, manœuvre extérieure, le double des prix ci-dessous.	
257	La pose des stores, manœuvre intérieure, plus-value d'après l'importance du travail.	

RÉPARATIONS

258	Tous travaux exécutés et comptés au temps passé, ainsi que les réparations faites à l'attachement, les heures d'ouvriers sont comptées à raison de	1 10
259	Pour toute réparation, si simple qu'elle soit, il sera alloué le moins pour déplacement d'ouvriers . . .	2 50
260	Le prix des réparations sera basé d'après le temps passé par les ouvriers, compris la course d'aller et retour de l'atelier chez le client.	
261	La dépose d'une ancienne toile de banne sans repose sera comptée . . . . le mètre superficiel	» 25
262	La dépose et repose d'une ancienne toile de banne ou de store, la dite recousue sur le rouleau et le fer à T, et le réglage de la manœuvre. . . . . — —	1 25
263	La dépose d'un store pour le réparer ou le garder. (Ce prix est appliqué lorsqu'il y en a plusieurs.). . .	1 »
264	Le brossage garde d'un store est compté.	1 50
265	La repose d'un store après garde et le graissage de la monture. (Ce prix est appliqué lorsqu'il y en a plusieurs.).	1 50

NOTA

266	Lorsqu'il n'y a qu'un store à déposer ou reposer, il est alloué un déplacement de.	1 50
267	Lorsque la dépose ou la repose d'un store demande la présence de deux ouvriers, le prix est compté double.	

FOURNITURES POUR RÉPARATIONS

268	**Rouleaux** bois 0m030 . . . . le mètre	» 50
269	**Rondelle** cuivre simple, renforcée, 30 m/m × 70 m/m . . . . la pièce	1 50
270	— — double, — 30 m/m × 70 m/m . . . . —	2 »
271	— — simple, — 30 m/m × 80 m/m . . . . —	2 »
272	— — double, --- 30 m/m × 80 m/m . . . . —	2 50
273	**Tourillons** ou goujons fer forgé . . . . —	» 20
274	**Supports** coudé à pointe, goupillé ou non. . . . . —	» 75
275	— de face — — — . . . . —	1 »
276	— — à patte, — — . . . . —	1 25
277	— à vis de côté à platine . . . . —	1 »
278	**Pitons** renforcés à vis. . . . . —	» 25
279	— — à scellements . . . . —	» 35
280	**Supports** pour persiennes brisées, goupillés ou non . . . . —	2 50
281	**Arrêt** feuille de sauge cuivre renforcée, avec vis . . . . —	» 75
282	**Pattes** fer forgé plates à pointe, avec œil . . . . —	» 25
283	— à tête renforcée pour conducteur. . . . . —	» 50
284	— à vis pour conducteur. . . . . —	» 60

Nᵒˢ D'ORDRE	DÉSIGNATION	PRIX
285	**Écrous** fer forgé taraudés, pour bras —	» 50
286	— à oreille en cuivre taraudés, pour conducteur. —	» 50
287	— à boule, pour conducteur. —	» 50
288	**Corde** septain de 1000 à 1250 le mètre	» 35
289	— — de 1250 à 2000 —	» 40
290	**Tringle** fer forgé, avec œil forgé rond ou ovale. —	1 75
291	**Fils** conducteurs en fer étiré et galvanisé, de 5 ‰, avec écrous d'un seul côté. —	» 75
292	**Bras** raide de face ou de côté, en fer méplat, monté sur platine à vis, jusqu'à 1ᵐ15 la pièce	4 »
293	— à tube, système D. B. breveté s. g. d. g., soit de face ou de côté, monté sur platine à vis. —	6 »
294	Tout bras monté sur platine pour persienne brisée, plus-value pour platine	2 »
295	**Cordon** de tirage coton le mètre	» 15
296	— — fil d'Écosse. —	» 25
297	— — anglais, toutes nuances, nᵒ 1 —	» 15
298	— — — — nᵒ 2 —	» 20
299	— — — — nᵒ 3 —	» 25
300	— — — — nᵒ 4 —	» 30
301	— — — — nᵒ 5 —	» 35
302	— — — — nᵒ 6 —	» 40
303	— — — — nᵒ 7 —	» 50
304	**Anneaux** os pour stores à draperies. —	» 10
305	**Poulie** d'intérieur nᵒ 1, avec vis.	1 25
306	— — nᵒ 2, —	1 50
307	— — nᵒ 3, —	1 75
308	— à chape de face, nᵒ 2, simple	1 75
309	— — — nᵒ 2, double.	2 50
310	— — — nᵒ 3, simple.	2 »
311	— — — nᵒ 3, double.	2 75
312	— — de côté, nᵒ 2, simple	1 75
313	— — — nᵒ 2, double.	2 50
314	— — — nᵒ 3, simple.	2 »
315	— — — nᵒ 3, double.	2 75
316	**Rondelles** cuivre à crans	1 75
317	**Poulie** à écrous, nᵒ 2	1 50
318	— — nᵒ 3	2 »
319	— — nᵒ 4	2 50
320	— à vis simple, de face ou de côté	» 75
321	— — double, — —	1 25
322	— cuivre à charnière simple.	2 75
323	**Ressorts** à renvoi pour stores italienne. la pièce	1 75
324	**Petit scellement** en fer	» 75
324 *bis*	**NOTA.** — Toutes les fournitures ci-dessus sont comptées sans pose.	
325	Le lessivage et peinture d'un ancien store bois sur les deux faces le mètre superficiel	1 90
326	Toute autre fourniture pour réparation est comptée à sa juste valeur.	
327	La façon pour réparation des anciens stores coutil est basée soit sur les prix des stores façonnés neufs ou d'après le travail exécuté.	

Nᵒˢ. D'ORDRE	DÉSIGNATION	PRIX

CLAIES ROULANTES POUR SERRES

CLAIES EN SAPIN ROUGE
Peinture unie, deux couches, garantie à l'huile.

Nᵒˢ. D'ORDRE	DÉSIGNATION	PRIX
328	Claies à chaînes rondes . . . . le mètre superficiel	4 50
329	— — plates. . . . . — —	5 »
330	— — — entaillées. . . . . — —	6 50
331	— — — lames à biseaux superposées. . . . . — —	7 »
332	NOTA. — Toute claie au-dessus de 2ᵐ de largeur subit une plus-value par mètre superficiel, de. .	» 75
333	Réparation et peinture des anciennes claies, comprenant l'enlèvement des lames cassées, et la fourniture des anneaux et crochets, et la peinture deux couches des dîtes claies . . . . le mètre superficiel	2 »
334	NOTA. — Les lames fournies sont comptées en plus des prix ci-dessus, au mètre superficiel, prix du tarif.	
335	Peinture seulement à une couche d'anciennes claies. . . . . le mètre superficiel	1 25
336	NOTA. — Les parties triangulaires ou fausses coupes sont comptées comme étant carrées.	
337	Plus-value pour entailles faites pour châssis.	1 50

ACCESSOIRES POUR CLAIES

Nᵒˢ. D'ORDRE	DÉSIGNATION	PRIX
338	Poulies moufles, simples bois, galet métal	1 50
339	— — doubles — — . . . . — —	2 75
340	Corde aloès, soie végétale . . . . le mètre	» 10
341	— chanvre. . . . . —	» 10
342	— — goudronnée. . . . . —	» 20
343	La pose des claies et ajustement sur place est comptée d'après le temps passé par les ouvriers.	

PAILLASSONS POUR SERRES

Nᵒˢ. D'ORDRE	DÉSIGNATION	PRIX
344	Paillassons paille blanche, chaîne en ficelle goudronnée . . . . le mètre superficiel	1 40
345	— — imputrescible, chaîne en ficelle goudronnée . . . . — —	1 70
346	— de châssis, de 1ᵐ60 × 1ᵐ30, en paille blanche. . . . . le paillasson	2 85
347	— — de 1ᵐ60 × 1ᵐ30, — imputrescible . . . . —	3 20
348	Tringles en sapin, peinture verte, pour garnir l'extrémité des paillassons . . . le mètre superficiel	» 50
349	NOTA. — Toute partie biaise est comptée au carré.	
350	La pose des paillassons est comptée d'après le temps passé par les ouvriers.	

N^{os} D'ORDRE	DÉSIGNATION	PRIX

CHASSIS

351	Châssis à lames mobiles pour combles, vitrés, sans pose. . . . . le mètre superficiel	14 »

JALOUSIES EN BOIS

352	**NOTA.** — Toute jalousie mesurant moins de 2^m est comptée comme telle.	
353	Jalousies en bois, à chaînettes galvanisées, peinture ton uni garantie à l'huile, compris pavillon bois découpé, modèle simple . . . . le mètre superficiel	7 50
354	Plus-value pour filetage imitant le coutil fait sur une face seulement, par mètre superficiel, depuis	2 »

RÉPARATIONS

355	La dépose des jalousies pour les réparer. . . . . le mètre superficiel	» 30
356	— et repose. . . . . — —	» 65
357	— démontage, remontage des jalousies avec vieilles cordes. . . . . . . — —	1 60
358	— démontage, remontage des jalousies avec vieilles cordes, lessivage et repose. . . . . — —	2 55
359	— démontage, remontage des jalousies avec cordes neuves, lessivage et repose. . . . . — —	2 95
360	— démontage, remontage des jalousies avec cordes neuves et fourniture de chainettes, compris lessivage et repose. . . . . — —	4 60
361	La peinture des chaînes avec détrempe à l'eau seconde. . . . . le mètre de chaîne	» 15
362	— à une couche des jalousies, par face. . . . . le mètre superficiel	» 45
363	— à deux couches des jalousies, par face . . . . — —	» 85
364	— des pavillons à une couche, par face. . . . . — —	» 35
365	— — à deux couches, par face. . . . . — —	» 85
366	La fourniture de lames neuves, compris peinture. le mètre	» 60

JALOUSIES EN FER

367	**NOTA.** — Les jalousies mesurant moins de 2^m superficiel sont comptées comme telles.	
368	Jalousies tôle ordinaire, peinture unie trois couches, dont une au minium . . le mètre superficiel	14 ».
369	— tôle double, pour fermeture, peinture unie trois couches, dont une minium . . . . — —	16 »
370	— à ressorts. . . . . en plus par — —	2 »
371	Pavillons en tôle découpée, forme carrée, dans œuvre . . . . — de 6 » à	10 »
371 *bis*	— — — cintrée, ... — de 8 » à	12 »
372	Plus-value pour modèle riche, d'après l'importance du dessin.	
373	Pavillons avec châssis en fer coudé, rapporté et rivé, à cause du peu de largeur des tableaux, en plus, par mètre.	3 »

N^{os} D'ORDRE	DÉSIGNATION	PRIX

374	Système de fixation sans ouvrir la fenêtre, jusqu'à 2^m25 de hauteur	40 »
375	— en ouvrant la fenêtre du chassepot.	20 »
376	— à charnières comprenant branches de renvoi	35 »
377	Au-dessus de 2^m25, augmentation proportionnelle à la hauteur.	
378	Branches de renvoi pour former stores à l'italienne	3 »
379	Jeux de galets passant le cordon à l'intérieur	3 »
380	Plus-value pour filetage imitation coutil, en plus par mètre superficiel	3 »

PAVILLONS POUR STORES & JALOUSIES

381	Pavillons pour stores, bois découpé, et peints deux couches à l'huile, pour être posés dans œuvre, modèles simples . . . . le mètre, de 2 50 à	3 50
382	— tôle découpée pour stores, compris une couche minium et deux couches peinture à l'huile, pour être posés dans œuvre, modèles simples . . . . — de 6 » à	10 »
383	— pour jalousies, bois découpé, et peints deux couches à l'huile, pour être posés dans œuvre, modèles simples . . . . — de 3 50 »	4 50
384	— tôles pour jalousies. (Voir à Jalousies fer.)	
385	NOTA. Pour pavillons modèles riches, prix à forfait d'après le dessin.	

TREILLAGES

Les mémoires sont établis sur la série de la Société centrale des Architectes.

RÈGLE GÉNÉRALE

Concernant tous les travaux exécutés par la Maison BIANCHETTI

	Pour tous travaux exécutés hors Paris, il est alloué un déplacement d'ouvrier :	
386	Quand l'ouvrier rentre le soir . . . . par jour	1 75
387	Quand l'ouvrier découche . . . . —	3 50

SONT A LA CHARGE DES CLIENTS :

388	1° Les frais de voyages pour mesures (chemin de fer).
389	2° — — pour direction des travaux (chemin de fer).
390	3° — — des ouvriers (chemin de fer).
391	4° Les heures passées en chemin de fer par les ouvriers et les contre-maîtres.
392	5° Le transport et emballage des marchandises.

Le règlement des Mémoires ne sera accepté que basé sur le présent Tarif.

APERÇU DE QUELQUES TRAVAUX

exécutés récemment par la Maison BIANCHETTI

Cⁱᵉ du Chemin de fer de l'Ouest, gare Saint-Lazare.
Cⁱᵉ du Chemin de fer de l'Est, bâtiments neufs et Économat.
Cⁱᵉ du Chemin de fer du Nord.
Cⁱᵉ du Chemin de fer de Lyon.
Cⁱᵉ du Chemin de fer du Sud de la France, à Paris.
Cⁱᵉ du Chemin de fer du Sud de la France, à Saint-Raphaël.
Cⁱᵉ du Chemin de fer à voie étroite, à Saint-Étienne.
Ministère des Travaux publics.
Muséum d'Histoire Naturelle et Laboratoires.
Palais de la Légion d'honneur.
Instiiut Pasteur.
Institut de France.
Caisse d'Épargne de Versailles.
Manufacture des Tabacs à l'Exposition 1889.
École de Médecine du Val-de-Grâce.
École de Médecine de Paris.
Lycée Michelet, à Vanves.
Lycée Jeanson de Sailly à Passy.
Lycée d'Aurillac, à Aurillac (Cantal).
Lycée Henri IV.
Lycée Lakanal, à Bourg-la-Reine.
Banque de Paris et des Pays-Bas.
Banque Ottomane, rue Meyerbeer.
Asile National de Vacassy, à Vincennes.
Cⁱᵉ d'Assurances "le Phénix".
Cⁱᵉ d'Assurances "la Nationale".
Cⁱᵉ d'Assurances "la France".
Cⁱᵉ d'Assurances Maritimes.
Cⁱᵉ d'Assurances "la Foncière".
Cⁱᵉ d'Assurances "le Gresham".
Cⁱᵉ d'Assurances "le Soleil".
Cⁱᵉ d'Assurances "l'Aigle".
Cⁱᵉ Universelle du Canal de Suez.
Imprimerie Paul Dupont.
Manufacture de Sèvres.
Cⁱᵉ d'Assurances "le Phénix Espagnol".
Hôtel de M. Ménier, 15, avenue du Bois de Boulogne.
Hôtel de la Monnaie.
Communauté Religieuse, 36, rue d'Ulm.
Société des Ponts, rue Taitbout, 93.

Banque de France, salle Ventadour.
Hôtel de M. Varnier, à Reims.
Établissements Duval à l'Exposition 1889.
Ambassade Américaine à Paris.
Ambassade d'Angleterre à Paris.
Palais de Sa Majesté la Reine d'Espagne.
Hôtel Marinoni, avenue du Bois de Boulogne.
Château de Laversine, à M. le baron Gustave de Rothschild.
Hôtel de M. le baron Edmond de Rothschild, à Paris.
Château de Gretz-Armanvilliers, à M. le baron Edmond de Rothschild.
Hôtel de Mᵐᵉ la baronne Salomon de Rotschild à Paris.
Château de Roueïre, à M. Andoque.
Château de Spoir, à Mᵐᵉ la vicomtesse Dulong de Rosnay.
Villa Dulong de Rosnay, à Cannes (Alpes-Mar.).
Château de M. le prince d'Hénin, à Nogent-le-Rotrou.
Château de Milly (Rhône), à M. Segond.
Hôtel de Mᵐᵉ Heine de Furtado, rue Monceau, à Paris.
Château de Rocquencourt, à Mᵐᵉ Heine de Furtado.
Hôtel de M. Grosoz, au Havre.
Hôtel de M. le marquis de Casa Riéra, rue de Berri.
Château de Lagrange, à M. Halphen.
Cercle Artistique, rue Boissy-d'Anglas.
Usine de M. Etwel, à la plaine-Saint-Denis.
Usine Marcerou, à Levallois-Perret.
Société du Rowing-Club, à Asnières.
Couvent des Sœurs Dominicaines, à Sèvres.
Couvent des Dames de Stᵉ-Clotilde, rue de Reuilly.
Institution des Religieuses de Saint-Joseph, rue Monceau.
Couvent des Sœurs Dominicaines, à Neuilly.
Couvent des Dames Anglaises, à Neuilly.
Institution des Frères de Sainte-Croix, à Neuilly.
Château de Greffulhe, à Bois-Boudran.
Hôtel de M. le prince Rolland Bonaparte, av. d'Iéna.
Hôtel de M. Montgommery, 1, rue Brignolle.
Cⁱᵉ des Téléphones, rue du Quatre-Septembre.
Administration des journaux le *Cosmos*, la *Croix*, le *Pèlerin*, 8, rue François Iᵉʳ.
Séminaire des Missions Étrangères, 128, rue du Bac.

BIANCHETTI

Breveté S. G. D. G.

FABRICANT DE STORES

139 — Rue du Faubourg Saint-Honoré — 139
PARIS

ATELIERS DE SERRURERIE & FABRICATION

18, Rue d'Armaillé, et 11bis, Passage Doisy **(AUX TERNES)**

STORES POUR FENÊTRES
N° 1   POSÉS EXTÉRIEUREMENT   N° 2

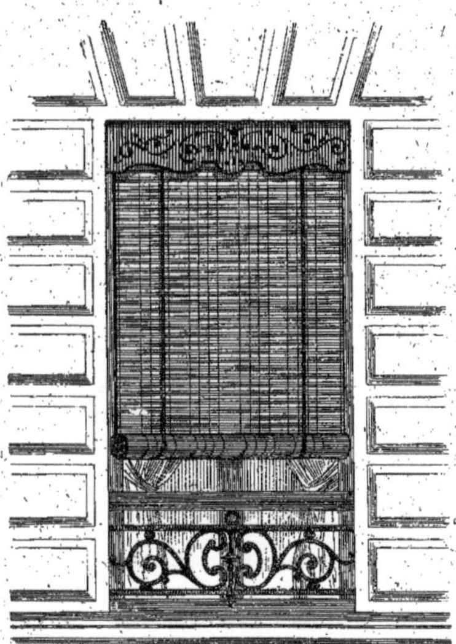

STORE VENTILATEUR en bois, avec Pavillon
en zinc ou bois découpé.

Monture à double cordon, posée dans le tableau
de la fenêtre.

STORE VENTILATEUR en bois, avec Pavillon
à caisson, en zinc ou bois découpé.

Monture à rouleau et fils conducteurs en fer étiré, galvanisé, taraudé ; écrous cuivre à oreilles ; posée en
façade du tableau de la fenêtre.

Ces montures peuvent se poser avec la manœuvre extérieure ou intérieure.

STORES POUR FENÊTRES

POSÉS EXTÉRIEUREMENT

N° 3

N° 4

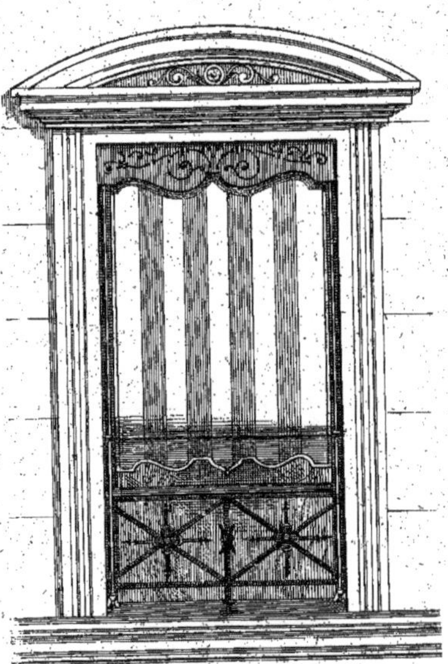

STORE VENTILATEUR en bois, avec lambrequin découpé et bordé.

Monture à l'Italienne, bras raides, posée dans le tableau de la fenêtre.

STORE en coutil ou toile, avec lambrequin découpé et bordé.

Monture à rouleau et fils conducteurs en fer étiré, galvanisé, tarandé; écrous cuivre à oreilles; posée dans le tableau de la fenêtre.

Ces montures peuvent se poser avec la manœuvre extérieure ou intérieure.

STORES POUR FENÊTRES

POSÉS EXTÉRIEUREMENT

Nᵒ 5   Nᵒ 6

STORE en coutil ou toile, avec lambrequin découpé, bordé ou frangé.

Monture à l'Italienne, bras à fourreaux, posée dans le tableau de la fenêtre.

Système D. B. breveté s. g. d. g.

STORE en coutil ou toile, avec joues à l'équerre.

Monture à l'Italienne, bras à fourreaux, posée dans le tableau de la fenêtre.

Système D. B. breveté s. g. d. g.

Ces montures peuvent se poser avec la manœuvre extérieure ou intérieure.

STORES POUR FENÊTRES

POSÉS EXTÉRIEUREMENT

N° 7

N° 8

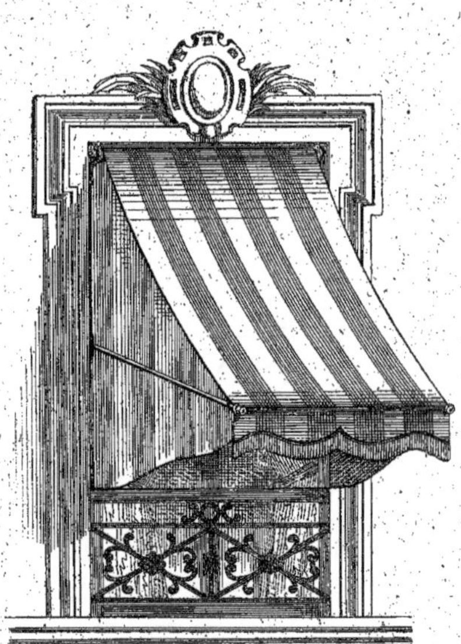

STORE en coutil ou toile, avec joues, lambrequin découpé et brodé, encadrement,
application drap ou autres étoffes.
Monture à l'Italienne, bras à fourreaux, se développant
de bas en haut, tiges acier galvanisées.
Système D. B. breveté s. g. d. g.

STORE en coutil ou toile, avec joues,
lambrequin découpé et frangé.
Monture à l'Italienne, bras à fourreaux, posée dans
le tableau de la fenêtre.
Système D. B. breveté s. g. d. g.

Ces montures peuvent se poser avec la manœuvre extérieure ou intérieure.

STORES POUR FENÊTRES

POSÉS EXTÉRIEUREMENT

N° 9

N° 10

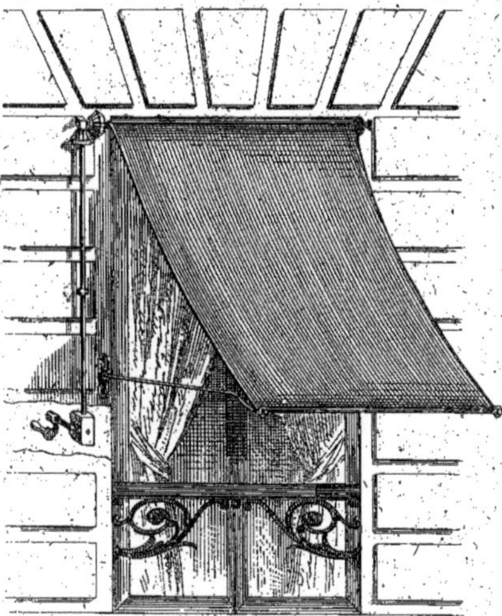

STORE en coutil ou toile, ou tissu
ventilateur en bois.

Monture à l'Italienne et engrenages, posée en
façade du tableau de la fenêtre, avec manœuvre
extérieure ou intérieure.

STORE en coutil ou toile, ou tissu
ventilateur en bois.

Monture à l'Italienne, brisée, évitant les joues des
côtés, posée dans le tableau de la fenêtre.
Système D. B. breveté s. g. d. g.

Ces montures peuvent se poser avec la manœuvre extérieure ou intérieure.

STORES POUR FENÊTRES

POSÉS EXTÉRIEUREMENT

N° 11

N° 12

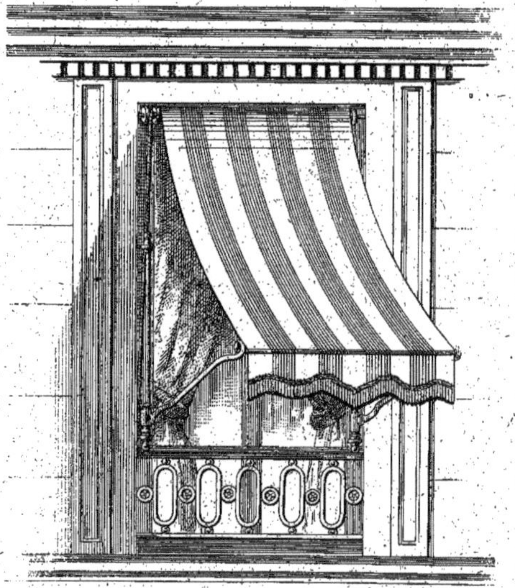

STORE en coutil ou toile, avec lambrequin
bordé ou frangé.

Monture à l'Italienne, avec bras à coulisses, posée
dans le tableau de la fenêtre.

STORE en coutil ou toile, se manœuvrant
de bas en haut.

Monture à rouleau automatique et poulies.

Ces montures peuvent se poser avec la manœuvre extérieure ou intérieure.

STORES POUR FENÊTRES

POSÉS EXTÉRIEUREMENT

N° 11 bis

N° 12 bis

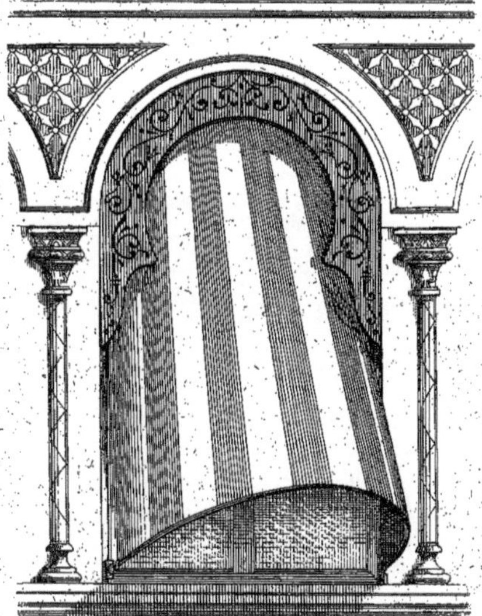

STORE en coutil ou toile, pour fenêtre cintrée, pouvant se poser de face ou dans le tableau de la fenêtre.

STORE en coutil ou toile.

Monture à conducteurs et bras à l'Italienne, avec joues de côté fixées aux bras, pouvant se poser de face ou dans le tableau de la fenêtre.

Ces montures peuvent se poser avec la manœuvre extérieure ou intérieure.

BIANCHETTI

Breveté S. G. D. G.

FABRICANT DE STORES

139 — Rue du Faubourg-Saint-Honoré — 139

PARIS

ATELIERS DE SERRURERIE & FABRICATION

18, Rue d'Armaillé, et 11bis, Passage Doisy (AUX TERNES)

Bannes pour Magasins, Balcons, Terrasses et Perrons

VÉLUMS POUR COMBLES, TOITS ET GALERIES VITRÉES

VÉRANDAS, JARDINS D'HIVER & ATELIERS

N° 13

GRANDE BANNE en coutil ou toile, avec lambrequin découpé et joue mobile, pour magasin et terrasse.

Monture à engrenages avec tendeur et bras à coulisses.

La manœuvre de la Banne peut se faire de l'intérieur.